# L'ART DE...

Dans la même collection

*L'art de la compassion*

*L'art de la curiosité*

*L'art de l'écoute*

ISBN : 978-2-2274-9863-1

18 rue Barbès, 92128 Montrouge Cedex

Conception graphique : Sébastien Bocquillon

*L'art de*

# LA DOUCEUR

*Textes de Louis Bourdaloue, Marc Aurèle, La Fontaine, Machiavel, saint Augustin*

bayard

# Douceur

[dusœ:ʀ]. subst. fem. Vient de « dolçors », (XIIᵉ siècle), qualité de ce qui est doux, agréable aux sens.

# LOUIS BOURDALOUE

## *Trouver sa force dans la douceur*

La Samaritaine ne connaissait pas encore ce don de Dieu dont il est parlé dans l'Évangile et que le sauveur des hommes lui fit connaître. Ce don, c'est selon tous les Pères de l'Église et tous les interprètes de l'Écriture, la grâce même de Jésus Christ. Cette grâce sans laquelle nous ne pouvons rien, et avec laquelle nous pouvons tout ; cette grâce par où, comme dit l'apôtre, nous sommes tout ce que nous sommes, si nous sommes quelque chose devant Dieu ; cette grâce qui nous éclaire, qui nous attire, qui nous persuade, qui nous convertit, cette grâce qui nous porte au bien et qui nous éloigne du péché ; cette grâce qui nous met en état de gagner le ciel et d'y parvenir ; cette grâce qui opère en nous et avec nous tout ce que nous faisons pour Dieu, et qui, dans l'ordre du salut, nous donne par son efficacité, non seulement le pouvoir, mais la volonté et l'action. Voilà, dis-je l'excellent don qu'il nous est si important à nous-mêmes de bien connaître. Don parfait qui nous vient d'en haut, et qui descend du Père des lumières. Don au-dessus de tous les dons de la nature, et auprès duquel saint Paul regardait comme de la boue tous les dons de la fortune. Don des dons, que Jésus Christ seul a pu nous donner et que nous recevons de la miséricorde infinie de Dieu.

Cependant, par une ignorance grossière, nous ne le connaissons pas, et par une ingratitude encore plus criminelle, nous ne prenons pas soin de le connaître. De là vient que si souvent, nous le recevons en vain et que, bien loin de nous en servir pour glorifier Dieu et pour nous sanctifier nous-mêmes, nous en abusons jusqu'à nous pervertir nous-mêmes et à mépriser Dieu. Car c'est pour cela que Jésus Christ nous dit, comme à la Samaritaine, « Si vous connaissiez le don de Dieu ! »

Tâchons donc aujourd'hui, chrétiens, de nous en former une juste idée. Entrons dans ce trésor immense des miséricordes divines ; mesurons-en, s'il est possible, et la hauteur, et la profondeur.

Disposer tout avec douceur, et tout exécuter avec force, ce sont les excellentes propriétés que l'Écriture attribue à la sagesse. Mais il n'y a, dit saint Augustin, que la sagesse de Dieu à qui ces deux propriétés conviennent tout à la fois dans le degré de perfection. En effet, la sagesse des hommes étant tellement bornée, elle se trouve sujette à deux défauts contradictoires. Est-elle douce dans sa conduite ? Il est alors à craindre qu'elle ne devienne faible dans l'exécution. Est-elle efficace et ferme dans l'exécution ? Il y a alors danger qu'elle ne soit dure dans sa conduite. Sa douceur, quand elle prédomine, se tourne en mollesse, et sa force dégénère en un excès de sévérité. Mais il n'appartient qu'à la sagesse de Dieu de réunir parfaitement ces deux vertus qui semblent si opposées. Car elle a seule l'avantage, non seulement de ne séparer jamais la douceur de la force, mais de trouver sa force dans la douceur, et, par un secret inconnu à tout autre qu'à elle, de faire consister sa force dans sa douceur même. Or, ce que l'Écriture nous dit de la sagesse de Dieu, je puis le dire également de la grâce, puisque la grâce dont je parle n'agit en nous que comme l'instrument de cette sagesse souveraine, qui est en Dieu la cause principale de notre salut.

Et voilà, chrétiens, l'idée la plus juste que je puisse vous donner de la grâce de Jésus Christ : en voilà les deux caractères : douceur et force. Douceur de la grâce, dans la manière engageante dont elle dispose le pécheur à sa conversion. Force de la grâce dans les étonnantes victoires qu'elle remporte sur le pécheur au moment de sa conversion.

Or, sans chercher d'autres preuves, il me suffit de vous proposer pour exemple de l'un et de l'autre cette femme de notre évangile ; car vous verrez d'abord quelle fut l'aimable conduite de la grâce pour gagner le cœur de cette pécheresse ; vous jugerez ensuite quel fut le merveilleux pouvoir de la grâce, par l'admirable changement qu'elle opéra dans son cœur.

La grâce de Jésus Christ employant tous les charmes de sa douceur pour convertir la Samaritaine : ce sera la première partie. La grâce de Jésus Christ par son efficacité et par sa force convertissant en effet la Samaritaine, et de l'abîme du péché où elle était plongée, l'élevant tout à coup au comble de la sainteté ; ce sera la seconde partie.

Il ne faut pas s'étonner que la grâce, qui est le principe de notre conversion, ait pour premier caractère la douceur, puisqu'elle procède immédiatement du cœur de Dieu et que c'est le terme de son amour le plus pur pour nous. Mais il nous importe de bien savoir en quoi consiste cette douceur de la grâce, quels en sont les traits les plus insinuants, ce qu'elle doit faire en nous, de quelle manière Dieu veut que nous y répondions. C'est visiblement ce que le Saint-Esprit a entrepris de nous faire connaître dans la conversion de cette femme samaritaine dont il est question de nous appliquer l'exemple. Car que fait la grâce pour triompher pleinement d'un cœur rebelle et pour le soumettre à Dieu ? Saint Augustin et les théologiens après lui l'appellent grâce victorieuse, et elle l'est en effet. Mais voici une conduite bien différente de la conduite ordinaire des conquérants. Pour triompher de nous, elle paraît en quelque sorte s'assujettir à nous. Ne vous offensez pas de ce terme, qui ne déroge en rien, comme vous le verrez, ni à la dignité, ni même à l'efficacité de la grâce et qui, dans ma pensée, ne signifie rien d'autre que sa douceur. Elle paraît s'assujettir à nous. Comment ? Car elle nous attend jusqu'à nous supporter des années entières. Elle prend les temps favorables et, par une condescendance que nous ne pouvons assez reconnaître, elle ménage des occasions pour nous gagner : quelque intérêt que nous ayons à la chercher, elle est toujours la première à nous prévenir. Au lieu de nous arracher par la violence ce qu'elle veut obtenir de nous, elle nous le demande ; et au lieu de nous le demander avec empire, elle ne l'obtient que par voie de sollicitation et d'invitation. Elle ne nous demande que pour avoir lieu de nous donner ; et elle nous demande que, pour nous donner beaucoup. Elle s'accomode à nos inclinations, à nos talents, aux qualités de notre esprit, et souvent même, à nos imperfections et à nos faiblesses. Elle ne nous engage à rien de difficile où elle ne nous fasse trouver de l'attrait et dont, malgré nos répugnances, elle n'excite en nous le désir. Elle ne nous oblige à mépriser les biens de la terre qu'à mesure qu'elle nous en fait voir le néant. Elle ne nous fait entreprendre de grandes choses pour Dieu qu'en imprimant une haute idée de ses perfections et des récompenses qu'il nous promet. (...) Telle est, chrétiens, la conduite de la grâce. Telle en est la douceur. Et c'est ainsi que nous voyons clairement dans les démarches que fait le Sauveur du monde pour convertir la Samaritaine. Conversion que Jésus Christ nous propose comme une image sensible de ce qui se passe encore tous les jours entre Dieu et nous, par les saintes opérations de sa grâce.

(...)

Je dis que souvent, la grâce attend les pécheurs jusqu'à lasser la patience de Dieu. Voyez Jésus Christ, la force et la vertu de Dieu même, fatigué néanmoins, épuisé, assis sur le bord d'une fontaine. Qu'attend-il ? Une âme infidèle qu'il veut sauver, une pécheresse qu'il a choisie. Et de quoi est-il fatigué ? Si nous nous en tenons à la lettre, c'est de la longueur du chemin qu'il a fait. Mais comme cet Homme-Dieu disait dans le même évangile, à ses apôtres, qu'il avait une nourriture à manger bien plus exquise que celle qu'ils lui présentaient, une nourriture mystérieuse et divine qu'ils ne connaissaient pas. Aussi éprouvait-il une tout autre lassitude que celle qu'il faisait paraître, et cette lassitude lui venait sans doute d'avoir si longtemps supporté cette malheureuse dans le dérèglement de sa vie et dans l'habitude de son crime. Car voilà, dit saint Augustin, ce qui devait, tout Dieu qu'il était, l'avoir fatigué, ce qui devait avoir épuisé sa patience. Cependant, il ne se rebute point ; et quelque éloignée de Dieu, quelque éloignée dans son péché que soit cette femme, il est résolu de l'attendre, usant pour elle, si je puis me servir du terme de l'Écriture, de ces lenteurs adorables qui arrêtent les coups de sa justice et qui suspendent sa colère et ses vengeances. C'est pour cela qu'il est assis et qu'il se repose. Or, ce repos d'un Dieu dans les emportements et les révoltes de sa créature, c'est ce que j'appelle la douceur de la grâce. Ah ! chrétiens, combien de pécheurs dans le monde, et peut-être parmi ceux à qui je parle, sont actuellement dans le même état que cette femme criminelle et obstinée ? C'est-à-dire combien de pécheurs opiniâtres ont lassé Dieu, ont outragé la bonté de Dieu ; et à force d'accumuler péché sur péché, rechute sur rechute, et d'augmenter par là chaque jour le poids de leur iniquité, sont devenus pour Dieu comme de pesants fardeaux, mais dont néanmoins par effet de son inépuisable miséricorde, il veut bien attendre le retour ? À juger de Dieu par nous-mêmes, peut-être cette patience serait-elle pour nous un scandale ; peut-être nous viendrait-il dans l'esprit que Dieu manque de zèle pour la gloire, et qu'il ne soutient pas assez hautement la souveraineté de son être. Mais c'est en cela même, disent les Pères, qu'il la soutient et qu'il fait éclater sa gloire, car il n'y a que la patience d'un Dieu qui puisse aller jusque-là. Celle des hommes qui n'a pas plus d'étendue que la petitesse de leur cœur est bientôt à bout : mais la mesure de la patience de Dieu est la grandeur de Dieu lui-même.

En effet, continue saint Augustin, Dieu est patient parce qu'il est éternel. Il est patient parce qu'il est fort. Il est patient parce qu'il est Dieu. Et rien ne nous marque mieux sa divinité et n'en est un témoignage plus invincible que cette tranquillité surprenante avec laquelle il dissimule et il tolère les offenses des hommes. (...)

Non seulement le Sauveur du monde attend la Samaritaine, mais, par un nouveau trait de douceur que je découvre dans sa grâce, il prend une occasion commode pour traiter avec cette pécheresse, un lieu séparé du bruit et du tumulte, où il sait qu'elle doit se rendre, un temps convenable à son dessein, où elle vient puiser de l'eau, et où rien ne viendra interrompre les leçons toutes divines qu'il se prépare à lui faire. (...)

Dans la conversion de cette femme de Samarie, le fils de Dieu n'attend pas qu'elle fasse quelque avance pour venir vers lui : il l'aborde, il lui parle, il l'engage, sans qu'elle y pense, dans un entretien qui doit être le principe de son salut. Tel est le mystère et le prodige tout ensemble de la charité de mon Dieu, de vouloir bien prévenir lui-même des pécheurs, c'est-à-dire de vouloir bien rechercher lui-même de viles créatures, de vouloir bien appeler lui-même des âmes ingrates et rebelles, des âmes criminelles et dignes de toutes ses vengeances, des âmes faibles et inconstantes dont peut-être il prévoit les infidélités et les rechutes. De les rechercher dis-je, et d'aller au-devant d'elles, dans un temps où elles ne pensent point à lui. Ah ! Seigneur, puis-je m'écrier ici, est-il donc vrai que, tout aimable que vous êtes, je ne puisse de moi-même vous aimer et que ma misère aille encore jusqu'à ne pouvoir désirer d'être aimé de vous, si vous n'excitez en moi ce désir ? Est-il donc vrai que tout Dieu que vous êtes, vous voyez dans la nécessité de faire les premières démarches pour me réconcilier avec vous, ou de m'avoir éternellement pour ennemi ? Ne serait-ce pas assez que vous fussiez disposé à me recevoir ? Mais du moins ô mon Dieu ! puisque vous voulez bien commencer, ne répondrai-je point à votre amour ? Non, Seigneur, et vous me faites trop bien comprendre ce que je vous dois pour que mon cœur demeure dans une si mortelle indifférence. Puisqu'il est de l'honneur de votre grâce que ce soit elle qui me recherche, je veux bien me soumettre à cette loi. Je veux bien reconnaître devant vous ma faiblesse et me confondre dans la pensée que de moi-même je ne puis faire un pas pour aller à vous et qu'avec toutes vos perfections, je ne puis vous aimer si vous ne m'aimez et si vous ne m'aimez avant que je vous aime.

Mais comment est-ce que la grâce nous prévient ? Est-ce avec autorité et avec empire ? Non, mais avec des bénédictions de douceur. Car si elle nous prévient, c'est en nous demandant ce qu'elle veut obtenir de nous et en cela, remarque saint Prosper, consiste la différence de la grâce et de la loi. La loi commande, et la grâce invite. La loi menace et la grâce attire. La loi contraint et la grâce engage. Or c'est ce mélange de la loi et de la grâce qui fait tout le mystère de l'aimable et souveraine domination de Dieu sur nos cœurs. Il ne tenait qu'au Sauveur du monde d'user de tout son pouvoir et d'obliger la Samaritaine à lui rendre d'abord et sans réplique une obéissance forcée. Mais parce que c'est sa grâce qui agit en elle, il veut qu'elle obéisse non seulement sans répugnance, mais avec joie et avec amour. (...)

Que demande la grâce d'abord ? Presque rien. Un peu d'attention sur nous-mêmes, un peu de règle dans nos actions, un peu de discrétion dans nos paroles, un peu d'assujettissement à nos devoirs. Donnez-moi cela, nous dit Dieu, c'est bien peu, mais de ce peu dépendent toutefois les grâces les plus abondantes. Et en effet, c'est souvent par ce peu, je veux dire par cette petite victoire remportée sur la passion, par cette petite violence faite à l'humeur, par ce petit sacrifice de l'intérêt, par ce petit effort de la charité, par ce petit retranchement d'une vanité mondaine, que nous nous mettons en état de recevoir la plénitude des dons célestes et des miséricordes du Seigneur. C'est par là que commencent les grands changements, les grandes conversions ; et ne sommes-nous pas bien coupables, si nous refusons à Dieu ce qu'il exige de nous, quand l'avantage qu'il nous promet est tellement au-dessus de ce qu'il attend ?

Disons néanmoins encore quelque chose de plus touchant. Je prétends avec saint Chrysostome que la grâce, pour agir avec plus de douceur, s'accommode à nos inclinations, à nos goûts, à nos talents, et même en quelque sorte à nos faiblesses, à nos imperfections, à nos défauts. J'en ai la preuve dans cette femme de notre évangile. Un autre que le Fils de Dieu, qui l'eût entendue disputer et raisonner sur les points les plus importants de la religion, l'aurait rebutée: un autre lui eût dit qu'il ne lui appartenait pas de pénétrer dans ces matières ; que ces questions épineuses et subtiles n'étaient pas de son ressort ; et que la grande science d'une femme devait être de n'en point trop savoir, ou de ne point affecter de paraître en trop savoir : car c'est la réponse commune qu'ont eue de tout temps à essuyer les femmes curieuses, et qu'on a toujours fait valoir contre elles. Mais notre divin Maître n'ignorait pas que ce n'est point ainsi qu'on les convertit, et que cette réponse, mortifiante pour elles, bien loin de les corriger, ne sert qu'à les aigrir et à les irriter. Que fait-il donc ? Il tient une conduite tout opposée. Cette femme est vaine et curieuse, il l'engage par sa curiosité même : elle se pique d'être savante ; il ne dédaigne point de raisonner avec elle sur ce qu'il y a dans la religion de plus profond et de plus sublime. En instruisant les peuples, il se servait de paraboles, c'est-à-dire, de comparaisons simples et familières pour s'accommoder à la grossièreté de leurs esprits ; mais il n'entretient celle-ci, toute pécheresse qu'elle est, que de matières élevées, et en des termes proportionnés à la grandeur des sujets dont il veut bien conférer avec elle ; de la nature de Dieu, de la perfection de son être, de la pureté de son culte, de l'adoration en esprit ; et par là il la détrompe, sans l'offenser, des fausses idées dont elle était prévenue touchant la divinité et les hommages que nous lui devons. Or n'est-ce pas ainsi que la grâce agit, et sur nos esprits et sur nos cœurs ? N'est-ce pas ainsi qu'elle se conforme à nous, ne nous sanctifiant presque jamais (remarquez ceci, je vous prie), ne nous sanctifiant presque jamais d'une manière contraire à nos inclinations naturelles, mais perfectionnant selon Dieu nos inclinations naturelles, pour nous sanctifier ? (...)

Il est vrai, chrétiens, que, par cette grâce, Dieu nous oblige à mépriser tout ce que le monde estime ; à renoncer de cœur aux honneurs du monde, aux plaisirs du monde, aux biens du monde: mais ici même voyez encore, et goûtez combien le Seigneur est doux. Il ne nous oblige à mépriser le monde qu'après qu'il nous en a fait connaître par sa grâce, l'illusion ; qu'après nous avoir convaincus que le monde ne peut jamais nous rendre heureux. Il ne nous oblige à renoncer au monde, qu'après nous avoir ôté, par sa grâce, l'estime et l'amour du monde. Or il est aisé de renoncer à ce que l'on n'estime et l'on n'aime plus. C'est la sainte leçon que Jésus Christ fait à la Samaritaine : Quiconque boira de cette eau, aura encore soif, c'est-à-dire quiconque aura de l'ambition dans le monde, quelque grand qu'il puisse être, ne sera jamais content de ce qu'il est ; quiconque voudra s'enrichir dans le monde, quelques biens qu'il possède, n'en aura jamais assez à son gré ; quiconque sera esclave de ses sens, quoiqu'il ne leur refuse rien, ne les satisfera jamais. Quand je suis une fois persuadé de ce principe, je me détache de tout sans peine ; et n'en sommes-nous pas invinciblement persuadés par la divine impression et les saintes lumières de la grâce ? Il est vrai que cette grâce m'oblige quelquefois à faire pour Dieu des choses difficiles et pénibles ; mais en même temps elle m'y fait trouver de l'attrait ; et comment ? Par la grandeur des motifs qu'elle me propose, et par l'espérance des biens inestimables qu'elle me promet: Si vous saviez, dit le Sauveur à cette femme, quel est celui qui vous parle ; c'est-à-dire si vous saviez, chrétiens, ce que c'est que Dieu ; si vous saviez ce que Dieu a fait pour vous, et ce qu'il mérite de vous ; si vous saviez ce que vous avez à attendre de Dieu ; si vous saviez les magnifiques récompenses qu'il réserve aux humbles, qu'il réserve aux pauvres, qu'il réserve à ceux qui souffrent et qui se mortifient pour lui ; si vous le saviez, ah ! il n'y aurait rien à quoi vous ne fussiez déterminés, et les croix les plus pesantes vous deviendraient non seulement supportables, mais aimables, dans la seule vue de lui plaire. (...)

Telle est, chrétiens, la conduite de la grâce ; voilà comment Dieu se rend maître de nos cœurs. Ce n'est point par la souveraineté de son empire ; ce n'est point par les hautes lumières de son entendement divin, mais par la douceur de la grâce et de son esprit. Il a fallu, pour gagner le cœur des hommes, que la majesté s'abaissât, et que, dans la personne du Sauveur, la sagesse increée de Dieu s'humiliât. Or, à l'exemple de Dieu, c'est par là même que nous nous insinuerons dans les âmes, et que nous y exercerons un pouvoir d'autant plus absolu qu'il le paraîtra moins. Ce ne sera point par l'autorité, beaucoup moins par l'esprit de domination, ou par l'ascendant que nous prendrons et que nous affecterons de prendre ; ce ne sera pas même par l'habileté, ni par la supériorité de génie et d'intelligence, mais par les sages ménagements de la charité. Il faut, pour engager le prochain, et pour le toucher, que nous supportions ses défauts, que nous compatissions à ses faiblesses, que nous condescendions à ses humeurs, que nous soyons sensibles à ses misères, que nous entrions avec zèle dans ses besoins, et que, suivant la règle et l'expression de saint Paul, nous prenions, comme élus de Dieu, des entrailles de miséricorde. Cette instruction nous regarde tous ; mais nous en particulier, mes frères, nous, dis-je, que Dieu a spécialement appelés au ministère de la conversion et de la sanctification des âmes ; nous qui, comme prêtres du Seigneur, comme les dispensateurs de sa grâce, et qui devons, par conséquent, conformer notre conduite à celle de la grâce même : c'est à nous encore une fois que cette morale s'adresse : souffrez que je vous l'applique, et que je me l'applique à moi-même. Car voilà votre modèle et le mien : c'est par la douceur de notre zèle que nous devons toucher les pécheurs ; autrement, nous n'y réussirons jamais. Ayez, si vous voulez, toute la science des docteurs, ayez toute l'éloquence des prophètes, parlez le langage des apôtres, et même des anges ; si tout cela n'est assaisonné de la douceur évangélique, vous ne ferez rien. C'est elle qui doit nous préparer les voies, et nous faire entrer dans les cœurs. Sans elle, on nous écoutera, et nous viendrons à bout de tout le reste ; nous instruirons, nous convaincrons, nous confondrons, nous épouvanterons, mais nous ne convertirons pas. Sans elle, nous troublerons les consciences, nous désespérerons les faibles, nous révolterons les opiniâtres, mais nous ne les attirerons jamais à Dieu. Le Sauveur du monde ne parut sévère qu'à l'égard des pharisiens, de ces hypocrites qui, sous un masque de piété, imposaient au peuple et le trompaient ; et, par un secret jugement de Dieu, ce fut à l'égard des pharisiens que son zèle demeura sans effet. Je ne dis pas, mes frères, que nous devions flatter les pécheurs par de lâches complaisances : vous n'ignorez pas combien j'ai ce sentiment en horreur. Je ne dis pas que nous ne devons point obliger les pécheurs à tout ce que l'Évangile a de plus austère, aux rigueurs de la pénitence, au crucifiement de la chair, à la mortification de l'esprit : malheur à moi, si j'en rabattais un seul point ! Mais je dis qu'à cette sévérité, qui pourrait seule éloigner les pécheurs, il faut joindre cette douceur qui les ramène. Je dis qu'il faut proportionner cette sévérité aux dispositions des sujets, comme la grâce elle-même s'y accommode ; et non pas l'appliquer sans discernement et sans prudence, aux uns trop, aux autres trop peu, à ceux-ci hors de leur état, à ceux-là par dessus leurs forces. Je dis qu'il faut avoir de saintes adresses, pour faire embrasser cette sévérité, et même pour la faire goûter ; montrant qu'elle est praticable, et ne portant jamais les choses à des excès qui donnent lieu aux mondains de les traiter d'impossibles. Je ne dis pas encore une fois qu'il ne faille jamais user de sévérité dans la conduite des âmes : mais je dis que ce doit être une sévérité discrète, une sévérité qui se fasse aimer, une sévérité qui rende le joug de Dieu supportable, et non point une sévérité pharisaïque, une sévérité sans onction, une sévérité impérieuse, une sévérité sèche et rebutante, une sévérité qui ne pourrait convenir qu'à des esclaves, mais qui ne convient nullement aux enfants de Dieu. Plût au ciel, mes frères, que nous fussions tous bien persuadés de cette vérité, puisque rien ne contribuerait davantage à la sanctification du christianisme ! Quoi qu'il en soit, voici, mes chers auditeurs, ce qui nous rendra inexcusables au jugement de Dieu : l'infinie douceur avec laquelle Dieu nous gouverne. Si les puissances de la terre dont nous dépendons se comportaient de la sorte envers nous, nous en serions idolâtres : Dieu veut nous gagner par sa grâce, et nous lui sommes rebelles ! Il me reste à vous montrer que cette grâce, quoique douce dans la manière dont elle engage le pécheur, n'en a pas moins de force dans son action ; et c'est ce que vous allez voir dans la suite de notre évangile, qui fera le sujet du second point. (...)

Si la grâce de Jésus Christ fait un miracle dans la conversion de la Samaritaine, la manière miraculeuse dont elle le fait montre encore bien quelle est sa force et sa puissance. Car n'est-il pas étonnant, chrétiens, que deux changements si prodigieux ne coûtent au Sauveur du monde qu'un moment ? Quand Dieu agit selon les lois et le cours ordinaire de sa providence, il garde, ou du moins il paraît garder des mesures ; et dans l'ordre surnaturel, aussi bien que dans l'ordre naturel, il s'accommode à notre faiblesse. Car il ne fait pas les saints dans un instant ; il les sanctifie peu à peu, et par des progrès quelquefois insensibles, il les conduit de degré en degré jusqu'au terme d'une sainteté consommée. Mais quand il agit souverainement et en Dieu, il ne prépare point le sujet qui doit servir de fond à son action. Une parole qu'il profère fait sortir des millions d'êtres du néant, étend les cieux, affermit la terre, donne à ce vaste univers toute sa perfection. Ainsi le Fils de Dieu ne dit qu'une parole à la Samaritaine : *Ego sum* ; oui, c'est moi, moi qui suis ce Messie que vous attendez ; et tout-à-coup la voilà convaincue, la voilà touchée, la voilà pénétrée des plus saints, mais des plus vifs et des plus tendres sentiments. Parole, reprend saint Augustin, plus efficace que celle-là même dont Dieu créa le monde ; parole qui, par une seconde création, mais bien plus admirable que la première, réforma dans le cœur de cette femme l'ouvrage de Dieu que le péché y avait détruit. Je dis création plus admirable que la première, puisque dans la première le néant sur lequel Dieu travaille obéit sans contradiction à sa parole ; au lieu que dans celle-ci Dieu travaillait sur le néant du péché, qui, tout néant qu'il est, est capable, comme péché, de lui résister. Mais encore par quelle marque sensible le Fils de Dieu s'autorisa-t-il dans l'esprit de la Samaritaine, et par où trouva-t-il une si facile et si prompte créance ? Le vit-elle en ce moment-là commander aux tempêtes et à la mer, guérir les aveugles, ressusciter les morts de quatre jours ? Ah ! chrétiens, voici la merveille qui surpasse toutes les autres. Le monde converti sans miracles, et sans miracles devenu chrétien, si l'on voulait ainsi le supposer, ce serait, disait saint Augustin, le plus grand de tous les miracles ; ce serait le miracle des miracles, et le plus convaincant pour un païen qui ne croirait pas les autres miracles. Or nous le voyons, mes chers auditeurs, ce miracle des miracles, accompli dans cette Samaritaine. Les pharisiens et les docteurs de la loi voyaient tous les jours les miracles de Jésus Christ ; ils en étaient les témoins oculaires ; ils parlaient à Lazare, qu'il avait publiquement ressuscité, aux malades qu'il avait guéris ; et cependant par une obstination inflexible ils persistaient dans leur incrédulité. Mais celle-ci sans miracles, non seulement croit en lui, mais s'attache à lui, se donne à lui, renonce à tout pour lui. D'où vient cela ? De la toute-puissance de la grâce, qui n'a besoin que d'elle-même pour triompher du cœur de l'homme. (...)

Le miracle de la grâce, c'est qu'en sanctifiant cette femme, elle sanctifia tout le pays de Samarie, et qu'elle la rendit capable de communiquer aux Samaritains le don de la foi. De pécheresse qu'elle était, dit saint Grégoire pape, elle se trouve miraculeusement transformée en apôtre. Avant que les apôtres aient paru, elle va annoncer Jésus Christ à ceux qui ne le connaissent pas ; et sans déroger à la dignité de saint Pierre ni à celle des autres apôtres, on peut dire que la première apôtre du christianisme, c'est la Samaritaine. En effet, son zèle la presse de telle sorte qu'elle ne peut s'arrêter un moment : elle laisse le vaisseau qu'elle avait apporté avec elle, elle ne pense plus à puiser de l'eau, elle quitte Jésus Christ pour Jésus Christ même ; elle rentre dans la ville, elle invite tout le monde à le venir voir et à l'écouter : aimant mieux aller travailler pour sa gloire, que de goûter plus longtemps les douceurs de son entretien, et ressentant déjà ces saintes ardeurs et ces divins empressements de l'esprit de foi, qui n'est jamais content de connaître Dieu, s'il ne le fait encore connaître autant qu'il le peut et qu'il le doit.

De tout ceci, quelle conclusion ? Ah ! chrétiens, ne disons donc plus, dans l'état de notre péché, que nous sommes faibles, et que notre faiblesse est un obstacle insurmontable à notre conversion ; mais disons avec l'apôtre, que si nous sommes faibles par nous-mêmes, nous sommes tout-puissants avec la grâce et par la grâce. Défions-nous de nous-mêmes, mais espérons tout de Dieu. Je sais que pour vous dégager de l'esclavage où le péché vous tient asservis, que pour vous interdire ce commerce, que pour renoncer à cet attachement, que pour étouffer cette inclination, que pour vaincre le monde, il y a des efforts à faire, et de grands efforts ; qu'il y a des combats à livrer, et de rudes combats: mais prenez confiance, puisque Dieu vous répond de sa grâce, dès que vous la demanderez de bonne foi, et qu'il vous assure que sa grâce vous suffit. C'est dans notre infirmité même qu'elle fait éclater toute sa vertu ; et votre retour à Dieu, un retour prompt, un retour parfait, ne sera pas un plus grand miracle pour elle, que le changement merveilleux de cette pécheresse de l'Évangile. Ce n'est pas assez : et voici, mes chers auditeurs, le point de morale par où je finis. Si Dieu par sa miséricorde vous a tirés de l'abîme, et s'il vous a fait sentir l'impression de sa grâce, imitez le zèle de cette Samaritaine. Elle n'était pas plus capable que vous d'annoncer l'Évangile de l'Homme-Dieu : elle n'avait point de caractère particulier qui l'y obligeât plus que vous : pourquoi ne le ferez-vous pas comme elle ? En qualité de chrétiens, nous devons tous par un engagement indispensable, chacun dans l'étendue de notre condition, participer au ministère apostolique ; et il n'y a point de fidèle, de quelque profession qu'il soit, qui ne doive au moins par ses œuvres, par ses exemples, par l'édification de sa vie, par ses charitables conseils, prêcher Jésus Christ. (...)

Un père doit le prêcher à ses enfants, et se souvenir qu'il est leur premier apôtre ; que c'est à lui, comme père, de leur inspirer la religion, de leur en donner la première teinture, d'employer tous ses soins à la conserver dans leurs âmes, et que sans cela il ne mérite pas le nom de père, beaucoup moins celui de père chrétien. Un maître doit le prêcher à ses domestiques, persuadé qu'il est pire qu'un infidèle s'il néglige un devoir si nécessaire, et que c'est, comme le dit l'apôtre en termes exprès, renoncer sa foi que de laisser dans sa maison des hommes qui ignorent la loi de Dieu et qui ne la pratiquent pas. Mais les pécheurs convertis sont ceux, entre tous les autres, qui doivent être plus touchés de cet important devoir. Pourquoi ? Parce qu'ils y sont obligés, et par titre de reconnaissance, et par titre de justice, et par charité envers le prochain, et par intérêt pour eux-mêmes. Parce qu'ils ne peuvent autrement réparer le scandale de leur vie passée, ni rendre à Dieu ce qu'ils lui doivent pour tribut de leur conversion. Si donc parmi ceux qui m'écoutent, il y avait quelqu'un de ce caractère, c'est-à-dire, autrefois libertin et dans le désordre, mais maintenant changé par la grâce, et résolu à vivre en chrétien ; voilà, lui dirai-je, mon cher frère, le modèle que Dieu vous met aujourd'hui devant les yeux : le zèle de la Samaritaine convertie. Ramenez comme elle à Jésus Christ autant de pécheurs que votre exemple est capable d'en attirer, mais surtout ceux qui furent les complices de vos désordres. Dites-leur avec David, ce roi pénitent : Ô vous qui craignez Dieu, ou plutôt qui par sa loi avez été instruits à le craindre, venez, écoutez, et je vous raconterai ce que peut faire la miséricorde du Seigneur, et ce qu'elle fait ! Il ne vous en faudra point d'autre preuve que mon exemple, et je vous dirai ce que cette infinie miséricorde a fait pour moi.

J'étais dans les mêmes engagements que vous, dans les mêmes erreurs que vous, dans les mêmes excès que vous : mais la grâce de mon Dieu a rompu les liens qui m'attachaient, a dissipé les nuages qui m'aveuglaient, a éteint les passions qui m'emportaient. Je prenais aussi bien que vous pour folie tout ce que l'on me disait des vérités éternelles : mais la grâce de mon Dieu m'a détrompé, et m'a convaincu moi-même de ma propre folie. Je croyais comme vous que ce changement était impossible, que jamais je ne pourrais me résoudre à sortir de mes habitudes criminelles, que jamais je ne pourrais soutenir une vie plus retirée et plus réglée, que ce serait un état triste, ennuyeux, insupportable. Mais par la grâce de mon Dieu, toutes les difficultés se sont aplanies, j'ai triomphé de la nature et de l'habitude, je me suis arraché au monde et à ses enchantements ; au lieu du trouble et de l'ennui que je craignais, j'ai trouvé le calme et la joie. Et que ne puis-je vous ouvrir mon cœur ! que ne puis-je vous faire connaître et vous faire sentir ce qu'il sent, depuis que le péché n'y domine plus, et qu'il commence à jouir d'une sainte liberté !

Ah ! chrétiens, que ne peut pas pour la gloire de Dieu une âme bien convertie, et de quelle efficace est son témoignage en faveur de la vertu. La Samaritaine convertit seule presque tout un pays ; et combien de pécheurs par leur pénitence gagneraient des villes entières, et en réformeraient les abus ?

Inspirez-nous ce zèle, Seigneur, inspirez-le à tous mes auditeurs. Répandez sur eux votre esprit, et que touchés de cet esprit de douceur, soutenus de cet esprit de force, ils rentrent dans vos voies, et y fassent rentrer par leurs exemples ceux qu'ils en ont retirés par leurs scandales : en sorte que nous puissions tous parvenir un jour à la même gloire.

**Sermon sur La Samaritaine**,

Douceur et force de la grâce, édition 1844

# MARC AURÈLE

## *Celui qui possède la douceur et le calme a de l'énergie, de la vigueur et du courage*

Propriétés de l'âme raisonnable : elle se voit, elle se façonne, elle se fait telle qu'elle veut être, elle recueille elle-même le fruit qu'elle porte (ce sont d'autres, au contraire, qui recueillent les fruits des plantes, et il en est de même pour les animaux), elle atteint sa fin propre lorsqu'est arrivé le terme de la vie. Son action n'est point comme une représentation chorégraphique ou dramatique, ou autre, où une coupure fait tout manquer. À tout âge de la vie, à quelque endroit qu'elle s'interrompe, l'âme a rempli, sans que rien n'y manque, l'objet qu'elle s'était proposé ; et elle peut dire : « J'ai tout ce qui me revenait. » En outre, l'âme embrasse le monde et le vide qui l'entoure ; elle en examine la figure ; elle étend ses regards dans l'infini de la durée ; elle comprend les renaissances périodiques de l'univers, et, en les considérant, elle se rend compte que nos successeurs ne verront rien de nouveau, que nos prédécesseurs non plus n'ont rien vu de plus que nous, — et qu'un homme de quarante ans, pour peu qu'il soit intelligent, a vu, en quelque sorte, toutes les choses qui ont été et toutes celles qui seront, en ce sens qu'elles sont toujours semblables à elles-mêmes. Enfin, le propre de l'âme raisonnable est l'amour du prochain, la sincérité, la pudeur ; elle ne met rien au-dessus d'elle-même, ce qui est aussi propre à la loi. C'est ainsi qu'il n'y a aucune différence entre la raison droite et la raison qui fonde la justice.

Tu mépriseras le charme du chant, de la danse et du pancrace quand tu auras décomposé une voix mélodieuse en chacun de ses sons et que tu te seras demandé, à propos de chacun d'eux, si c'est là ce qui te ravit, car tu en auras honte ; quand tu auras fait la même chose pour la danse, à propos de chaque mouvement et de chaque attitude ; et de même, enfin, pour le pancrace. Bref, pour tout ce qui n'est pas la vertu ou un effet de la vertu, va droit aux éléments des choses, et, par cette analyse, arrive à les mépriser ; applique le même procédé à la vie tout entière.

Quelle âme que celle qui, dès qu'il lui faut se séparer de son corps, est prête ou à s'éteindre, ou à se disperser, ou à subsister ! Il faut que cette disposition soit l'effet de son propre jugement, et non d'une simple obstination, comme chez les chrétiens ; qu'elle se décide après réflexion, avec gravité, de manière à pouvoir en persuader d'autres, et sans étalage tragique.

Ai-je agi conformément aux principes de la solidarité ? Je me suis donc rendu service. Que cette pensée soit toujours présente à ton esprit, ne la quitte jamais.

Quel est ton art ? D'être homme de bien. Est-il un meilleur moyen d'y parvenir que d'avoir des principes, concernant les uns la nature universelle, et les autres la constitution propre de l'homme ?

Les premières pièces représentées furent des tragédies qui rappelaient aux spectateurs les accidents de la vie, en leur montrant qu'ils sont dans l'ordre de la nature et leur enseignant à ne pas s'affliger, quand ils avaient lieu sur une scène plus grande, des événements qui les avaient intéressés sur celle du théâtre. On voit, en effet, que les choses ne doivent pas se passer autrement et que ceux mêmes qui s'écrient : « Ô Cithéron ! » n'échappent pas à cette loi. Les auteurs de ces drames y expriment aussi certaines vérités utiles, comme celle-ci surtout : « Si les Dieux me négligent, moi et mes deux enfants, leur négligence même a une raison. » — Et encore : « Il ne faut pas s'irriter contre les choses. » — Et : « Moissonnez la vie comme l'épi fécond ». — Et d'autres semblables.

Après la tragédie, parut l'ancienne comédie, capable, par sa franchise, de faire utilement la leçon aux hommes et de les rappeler à la modestie par la liberté [même] de son langage. Ce n'est pas pour autre chose que Diogène la lui emprunta.

Considère pourquoi l'on a ensuite adopté ce qu'on appelle la comédie moyenne et, en dernier lieu, la nouvelle, qui peu à peu dégénéra en une imitation adroite de la réalité. Je n'ignore pas qu'il s'y trouve aussi quelques bonnes choses. Mais que voulaient, en définitive, quel but s'étaient proposé les poètes qui ont créé un tel genre de composition dramatique ?

Comme il tombe clairement sous le sens qu'il n'y a pas de règle de conduite plus propre à la pratique de la philosophie que celle que tu suis maintenant !

Une branche détachée de la branche à laquelle elle adhérait est forcément détachée de l'arbre entier. De même l'homme retranché de la société d'un seul homme est retranché de la société entière. Mais c'est un autre qui coupe la branche, tandis que l'homme se sépare lui-même de son prochain par haine et par aversion ; il ne voit pas qu'il s'est en même temps mis en dehors de toute la cité. Toutefois, Zeus, qui a formé la société, nous a accordé un privilège : nous avons le pouvoir de nous réunir à nouveau à celui à qui nous adhérions et de rentrer dans le tout pour le compléter. Mais si cette division est trop fréquente, le retour et la réintégration dans l'unité sont difficiles. Il y a une différence entre la branche qui a poussé avec les autres, qui a vécu avec elles, et celle qui a été greffée de nouveau sur l'arbre, quoi qu'en disent les jardiniers. Croissons donc ensemble sur le même tronc, sans avoir pour cela les mêmes dogmes.

Ceux qui veulent t'empêcher de marcher suivant la raison droite ne réussiront pas à te détourner d'agir sainement. Qu'ils ne t'empêchent pas non plus d'être bienveillant pour eux. Tâche de demeurer ferme dans tes jugements et dans tes actions sans cesser d'être doux pour ceux qui essaient de te faire obstacle ou qui t'importunent. Leur en vouloir est une marque de faiblesse, aussi bien que de renoncer à ce que tu as entrepris et lâcher pied parce que l'on t'a frappé. On déserte son poste en prenant en aversion celui que la nature avait fait notre frère et notre ami, aussi bien qu'en tournant le dos dans la bataille.

Il n'y a point de nature inférieure à l'art, car l'art imite la nature. S'il en est ainsi, la nature la plus parfaite de toutes, celle qui comprend toutes choses, ne peut le céder en industrie à l'art. Tous les arts font ce qui est inférieur pour le subordonner à ce qui est supérieur ; la nature universelle ne procède donc pas autrement. Là est l'origine de la justice d'où proviennent les autres vertus, car on ne peut observer la justice si l'on s'attache aux choses indifférentes, si l'on est facile à tromper, téméraire et changeant.

Puisque les choses ne vont pas vers toi et que, cependant, tu es tourmenté par le désir ou par la crainte, c'est que, d'une façon quelconque, tu vas vers elles. Que ton esprit reste en reposé et s'abstienne de les juger ; comme elles demeureront elles-mêmes immobiles, on ne te verra plus ni les désirer ni les craindre.

L'âme est une sphère parfaite quand elle ne se tend pas dans une direction quelconque ni ne se resserre en elle-même ; quand elle ne se tord pas et ne s'affaisse pas, mais quand en elle brille le feu qui lui permet de voir la vérité partout et en elle-même.

Quelqu'un me méprisera ? C'est son affaire. Mais moi, je prendrai garde à ne rien faire et à ne rien dire qui mérite le mépris. Quelqu'un me haïra ? C'est son affaire. Mais moi je resterai bienveillant et dévoué pour tout homme, même pour celui-là, prêt à lui indiquer son erreur, sans lui faire de reproches, sans lui faire sentir que je m'efforce de le supporter, mais sincèrement, loyalement, comme en usait le grand Phocion, à moins qu'il ne fît semblant. Tel doit être l'intérieur de notre âme ; il faut que les Dieux n'y voient aucune disposition à s'indigner et à se plaindre. Car quel mal souffres-tu si tu fais maintenant ce qui est conforme à ta nature propre, et si tu reçois ce qui convient en ce moment à la nature universelle, ô homme, qui que tu sois, mis à ce poste pour servir l'intérêt de l'univers ?

Ils se méprisent, et ils se flattent les uns les autres ; ils veulent se supplanter, et ils se font mutuellement des courbettes.

Comme il faut être corrompu et hypocrite pour dire : « J'ai résolu d'agir franchement avec vous ! » Homme, que fais-tu ? Une pareille déclaration est déplacée. On te verra bien à l'œuvre. C'est sur ton front que cela doit être inscrit. Cela s'entend tout de suite dans la voix, se lit tout de suite dans les yeux, de même que dans les regards de ses amants celui qu'ils recherchent reconnaît tout de suite leur passion. En un mot, l'homme simple et bon doit être comme celui qui a une mauvaise odeur ; il faut qu'en l'abordant, qu'il le veuille où non, l'on sente qui il est. L'affectation de la franchise est de la duplicité. Rien n'est plus honteux qu'une amitié de loup. Garde-t'en par-dessus tout. L'homme bon, simple, bienveillant porte ces qualités dans ses yeux ; elles n'échappent à personne.

Nous trouvons dans notre âme le pouvoir de vivre heureux, pourvu que nous sachions être indifférents aux choses indifférentes. Nous y serons indifférents si nous considérons chacune d'elles à part et dans son ensemble, si nous nous rappelons qu'aucune d'elles ne met en nous l'opinion que nous en avons, ni ne vient vers nous ; elles sont immobiles ; c'est nous qui créons les jugements que nous portons sur elles, et qui les gravons pour ainsi dire en nous-mêmes, quand nous pourrions ne pas le faire, ou, si nous le faisons par mégarde, les effacer aussitôt. Rappelons-nous aussi que cette surveillance durera peu et qu'ensuite notre vie sera finie pour jamais. Que peuvent donc les choses avoir de pénible pour nous ? Si elles sont conformes à ta nature, il faut t'en réjouir et les accueillir de bon cœur ; si elles sont contraires à ta nature, cherche ce qui lui est conforme et tâche de l'atteindre, quand même tu n'en recueillerais aucune gloire : il est bien permis à chacun de chercher son bien propre.

Examiner l'origine de chaque objet, les éléments qui le constituent, ses transformations, le résultat de ces transformations, et comment il ne peut lui arriver aucun mal.

Et d'abord, je dois considérer quel rapport m'unit aux hommes ; comment nous sommes nés les uns pour les autres ; puis, à un autre point de vue, comment je suis né pour leur commander, de même que le bélier ou le taureau commande à son troupeau. Remonte plus haut et pars de ceci : si l'univers n'est pas fait d'atomes, c'est la nature qui gouverne tout ; dans ce cas, les êtres inférieurs ont été créés pour les supérieurs, et ceux-ci les uns pour les autres.

Deuxièmement, considérer ce que sont les hommes, à table, dans leur lit, et ainsi de suite ; — principalement, à quelles nécessités leurs principes les assujettissent, et tout ce qu'ils font, avec quel orgueil ils le font.

Troisièmement, si les hommes agissent ainsi avec raison, il ne faut pas s'indigner ; si ce n'est point avec raison, c'est évidemment malgré eux et par ignorance. C'est malgré elle, en effet, que toute âme est privée tant de la vérité que du pouvoir d'attribuer à chaque chose sa vraie valeur. Voilà pourquoi ils s'indignent qu'on les appelle injustes, ingrats, cupides, bref, coupables à l'égard de leur prochain.

Quatrièmement, considère que tu es coupable toi-même et que tu es un homme pareil à eux ; si tu t'abstiens de quelques-unes de leurs fautes, tu n'en as pas moins l'aptitude à les commettre, bien que tu les évites par lâcheté, par vanité ou par l'effet de quelque vice semblable.

Cinquièmement, tu ne sais pas même exactement s'ils sont coupables, car on agit souvent par ménagement. Enfin, il faut s'être d'abord beaucoup informé avant de se prononcer en connaissance de cause sur les actes d'autrui.

Sixièmement, quand tu te laisses aller à l'indignation ou à l'impatience, réfléchis que la vie de l'homme a une durée imperceptible et que bientôt nous sommes tous étendus dans le tombeau.

Septièmement, leurs actions ne nous tourmentent pas ; elles n'existent que dans leurs âmes ; ce sont nos jugements sur elles qui nous tourmentent. Supprime-les donc ; aie la volonté de renoncer à juger qu'elles soient un mal pour toi, et ta colère a disparu. Comment donc supprimer ton jugement ? En réfléchissant qu'il n'y a là aucune honte pour toi. En effet, s'il y avait d'autre mal que ce qui est honteux, tu commettrais nécessairement toi-même beaucoup de crimes, tu deviendrais un brigand, un homme capable de tout.

Huitièmement, considère que la colère et le chagrin que nous font éprouver leurs actions sont bien plus pénibles pour nous que les actions mêmes qui nous irritent ou nous chagrinent.

Neuvièmement, que la bienveillance est invincible si elle est sincère, si elle n'est pas une hypocrisie, une grimace. Que pourrait te faire l'homme le plus insolent du monde si tu persistes à le traiter avec bienveillance, si, à l'occasion et à loisir, tu l'exhortes doucement et lui fais la leçon en profitant de la circonstance même où il cherche à te faire du mal ? « Non, mon enfant ; nous sommes nés pour autre chose. Ce n'est pas à moi que tu peux nuire, tu ne nuis qu'à toi-même, mon enfant. » Montre-lui clairement, par une considération générale, que telle est la règle : ni les abeilles n'agissent comme lui les unes envers les autres, ni les animaux qui vivent en troupeaux. Parle-lui sans ironie et sans reproche, mais avec tendresse, d'une âme qui ne soit point ulcérée ; ne parle pas non plus comme à l'école, ni pour être admiré par l'assistance, mais comme s'il était seul, même quand il y aurait quelques témoins.

Retiens ces neuf commandements essentiels comme des présents que tu aurais reçus des Muses ; commence, enfin, pendant que tu vis, à être un homme. Il faut se garder, d'ailleurs, de les flatter aussi bien que de s'irriter contre eux ; dans les deux cas, on agit contrairement au bien de la société et on est conduit à faire du mal. Dans tes accès de colère, rappelle-toi qu'il n'est pas digne d'un homme de s'emporter ; la douceur et le calme sont des vertus à la fois plus humaines et plus viriles. C'est celui qui les possède qui a réellement de l'énergie, de la vigueur et du courage ; non celui qui s'indigne et qui s'impatiente. On a d'autant plus de force qu'on est plus impassible. La colère est, comme le chagrin, un signe de faiblesse. Dans les deux cas, on est blessé et l'on capitule.

Si tu le veux, reçois encore un dixième présent du Musagète. Demander que les méchants ne fassent point de mal est une folie ; c'est demander l'impossible. Mais leur permettre d'être méchants pour les autres et vouloir qu'ils ne le soient pas pour nous, c'est de la déraison et de la tyrannie.

Il y a quatre orientations de ton principe directeur dont tu dois toujours te garder avec une attention particulière. Dès que tu surprends ces erreurs, il faut les effacer en te disant, à propos de chacune d'elles : « Cette représentation n'est point nécessaire ; celle-ci contribue à rompre l'accord universel ; cette autre ne vient pas de toi ; or, regarde comme tout à fait absurde de dire ce que tu ne penses pas. » À propos de la quatrième, tu te reprocheras de subordonner et d'asservir la partie la plus divine de toi-même à la partie mortelle et la moins noble, au corps, et à ses émotions, rudes ou douces.

Ton souffle et tout ce qu'il y à d'ardent en toi qui s'y mêle, quoique faits par la nature pour s'élever, obéissent cependant à la structure de tout ton être et y demeurent, retenus dans l'agrégat. De même, tout ce qui est terrestre en toi, comme tout ce qui est humide, quoique fait pour descendre, se redresse cependant et se maintient dans une place qui ne lui est pas naturelle. Ainsi les éléments se conforment à la loi de l'ensemble dont ils font partie et où ils ont été placés, et ils sont forcés d'y rester jusqu'à ce que le signal [du départ et] de la dissolution leur soit donné. N'est-il donc pas étrange que seule la partie raisonnable de ton être soit désobéissante et s'indigne de la place où elle a été mise ? Elle ne subit pourtant aucune violence ; on ne lui impose que ce qui est conforme à sa nature ; néanmoins, elle ne se soumet pas, mais s'emporte en sens contraire. Tout mouvement vers l'injustice, la licence, la colère, la tristesse, la crainte, n'est qu'une manière de s'écarter de la nature. Lorsque ton principe dirigeant se révolte contre un événement quelconque, alors il déserte son poste. Car il a été fait pour la sainteté et la piété non moins que pour la justice. Ces vertus sont aussi des formes de la sociabilité, ou plutôt elles sont antérieures à la justice.

Celui qui n'a pas dans la vie un but unique, toujours le même, ne peut pas non plus n'être qu'un seul et même homme jusqu'à sa mort. Mais ce que je viens de dire ne suffit pas: il faut y ajouter quel doit être ce but. Il n'y a pas unanimité d'opinion sur tous les biens quelconques qui paraissent tels au plus grand nombre, mais seulement sur certains biens, je veux dire ceux qui intéressent la société tout entière ; aussi, nous devons nous proposer un but utile à la société et à la cité. Celui qui dirige vers ce but tous ses efforts donnera de l'unité à ses actions et, à ce point de vue, restera toujours le même.

Rappelle-toi le rat montagnard et le rat de maison, leur frayeur et leur agitation éperdue.

Socrate appelait les croyances de la plupart des hommes des Lamies, des épouvantails pour les enfants.

Les Lacédémoniens, dans leurs spectacles, offraient aux étrangers des sièges à l'ombre ; eux-mêmes s'asseyaient n'importe où.

Socrate disait à Perdiccas, qui lui reprochait de ne pas venir chez lui: « J'aurais peur de périr de la mort la plus affreuse. » Il voulait dire : « J'aurais peur de ne pouvoir rendre les bienfaits que j'aurais reçus. »

Dans les écrits des Épicuriens, il y avait une recommandation spéciale de toujours avoir présent à l'esprit le souvenir d'un des hommes vertueux d'autrefois.

Les Pythagoriciens recommandent de regarder le ciel dès l'aurore, afin de nous rappeler ces êtres qui poursuivent leur œuvre toujours d'après les mêmes lois et toujours de même, et de penser à leur harmonie, à leur pureté, à leur nudité : car un astre n'a point de voile.

Tu te rappelles comment Socrate s'était couvert d'une peau de mouton, un jour que Xanthippe lui avait pris son manteau pour sortir, et ce qu'il dit à ses disciples confus, qui allaient se retirer en le voyant dans cet équipage.

Tu ne pourrais être un maître dans l'art d'écrire et de lire avant d'avoir eu toi-même des maîtres. De même, à plus forte raison, dans l'art de vivre.

« Tu es né esclave, tu n'as pas la parole. »

« Et le rire fut dans mon cœur. »

« Ils blâmeront la vertu en termes amers. »

Chercher une figue pendant l'hiver est une folie ; c'en est une aussi que de demander son enfant quand on ne peut plus l'avoir.

En embrassant son enfant, il faut, dit Épictète, penser en soi-même : « Demain, peut-être, il sera mort. » — Voilà des paroles de mauvais augure. — Pas le moins du monde, répond-il ; elles ne font que désigner une action de la nature : sinon, il serait, de mauvais augure de dire qu'on moissonne les épis.

Raisin vert, raisin mûr, raisin sec, tous ces mots indiquent des changements, non vers la non-existence, mais vers une autre existence que l'existence actuelle.

Il n'y a pas de brigand qui puisse nous voler notre libre arbitre. C'est un mot d'Épictète.

Il disait qu'il fallait connaître l'art d'acquiescer aux représentations sensibles et conserver toute son attention en ce qui touche les tendances, pour qu'elles fussent accompagnées de réserves, conformes au bien universel et proportionnées à la valeur des objets ; s'abstenir absolument de tout désir et n'avoir jamais d'aversion pour rien de ce qui ne dépend pas de nous.

Ce n'est pas pour la première chose venue, disait-il, que nous luttons, mais pour perdre ou conserver notre raison.

Socrate disait : Que voulez-vous ? avoir des âmes d'êtres raisonnables ou d'êtres sans raison ? — D'êtres raisonnables. — De quels êtres raisonnables ? bons ou mauvais ? — Bons. — Pourquoi donc ne cherchez-vous pas à les acquérir ? — Parce que nous les avons. — Alors, pourquoi ces combats et ces disputes ?

**Pensées pour moi-même,**

Livre XI

# LA FONTAINE

## *Plus fait douceur que violence*

Borée et le Soleil virent un voyageur
Qui s'était muni par bonheur
Contre le mauvais temps. (On entrait
dans l'automne,
Quand la précaution aux voyageurs est
bonne)
Il pleut ; le Soleil luit ; et l'écharpe d'Iris
Rend ceux qui sortent avertis
Qu'en ces mois le manteau leur est fort
nécessaire ;
Les Latins les nommaient douteux
pour cette affaire.
Notre homme s'était donc à la pluie attendu :
Bon manteau bien doublé ;
bonne étoffe bien forte.
Celui-ci, dit le vent, prétend avoir pourvu
À tous les accidents ; mais il n'a pas prévu

Que je saurai souffler de sorte
Qu'il n'est bouton qui tienne : il faudra,
si je veux,
Que le manteau s'en aille au Diable.
L'ébattement pourrait nous en être agréable :
Vous plaît-il de l'avoir ? — Eh bien, gageons
nous deux,
(Dit Phébus) sans tant de paroles,
À qui plus tôt aura dégarni les épaules
Du cavalier que nous voyons.
Commencez. Je vous laisse obscurcir
mes rayons.
Il n'en fallut pas plus. Notre souffleur à gage
Se gorge de vapeurs, s'enfle comme un
ballon,
Fait un vacarme de démon,
Siffle, souffle, tempête, et brise en son
passage
Maint toit qui n'en peut mais,
fait périr maint bateau :
Le tout au sujet d'un manteau.
Le cavalier eut soin d'empêcher que l'orage
Ne se pût engouffrer dedans.

Cela le préserva ; le vent perdit son temps :
Plus il se tourmentait, plus l'autre tenait
ferme ;
Il eut beau faire agir le collet et les plis.
Sitôt qu'il fut au bout du terme
Qu'à la gageure on avait mis,
Le Soleil dissipe la nue,
Recrée, et puis pénètre enfin le cavalier,
Sous son balandras fait qu'il sue,
Le contraint de s'en dépouiller.
Encore n'usa-t-il pas de toute sa puissance.
Plus fait douceur que violence.

**Phébus et Borée**,
Livre VI, fable 3

## MACHIAVEL

## *Souvent un acte de justice et de douceur a plus de pouvoir que la violence et la barbarie*

Lorsqu'un État éprouve une révolution, soit qu'une république devienne tyrannie, soit qu'une tyrannie se change en république, il est nécessaire qu'un exemple terrible épouvante les ennemis du nouvel ordre de choses. Celui qui s'empare de la tyrannie et laisse vivre Brutus, celui qui fonde un État libre et n'immole pas les fils de Brutus, doit s'attendre à une chute prochaine.

Je citerai un exemple arrivé de nos jours, et l'un des plus mémorables de notre histoire. Il s'agit de Pierre Soderini, qui s'imagina pouvoir surmonter, par sa douceur et sa longanimité, cette soif qu'avaient les fils de Brutus de retourner sous l'ancien gouvernement ; mais il se trompa dans ses vues. Sa sagesse lui avait fait sentir la nécessité d'un parti extrême ; et quoique la fortune et l'ambition de ses adversaires lui donnassent chaque jour un prétexte plausible de se défaire d'eux, il n'eut jamais le courage d'en venir à cette extrémité : outre qu'il était convaincu de pouvoir, par la douceur et la patience, étouffer tous les germes de haine en accablant ses ennemis de bienfaits, il croyait, et il en fit plusieurs fois confidence à ses amis, que, s'il voulait établir d'une manière solide ses institutions et renverser ses ennemis, il avait besoin de s'emparer d'une autorité extraordinaire, et d'introduire des lois en opposition avec l'égalité civile ; ce qui, lors même qu'il n'eût point usé de son pouvoir d'une manière tyrannique, eût tellement effrayé l'universalité des citoyens, qu'ils n'eussent jamais concouru, après sa mort, à l'établissement d'un gonfalonier à vie, institution qu'il croyait au contraire utile de renforcer.

Ce scrupule était bon et sage ; néanmoins, on ne doit jamais laisser le mal suivre son cours, sous prétexte de respecter le bien, surtout lorsque ce bien peut être facilement étouffé par le mal. Soderini devait penser qu'on jugerait ses œuvres et son intention par le succès, et que, s'il avait le bonheur d'être favorisé par la fortune et de vivre, chacun alors pourrait attester que tout ce qu'il avait fait avait eu pour but le salut de la patrie et non sa propre ambition. Il pouvait établir les choses de manière que son successeur ne pût tirer un mauvais parti des institutions qu'il aurait établies pour le salut de la patrie. Mais il fut aveuglé par sa première opinion, et il ne voulut pas voir que la méchanceté des hommes n'est ni vaincue par le temps ni adoucie par aucun bienfait ; en sorte que, pour n'avoir pas su imiter Brutus, il perdit tout à la fois sa patrie, son pouvoir et sa réputation. (...)

J'ai plusieurs fois reconnu que la cause de la bonne ou de la mauvaise fortune des hommes est de conformer leur conduite aux temps ou de s'en écarter. En effet, on voit que la plupart des hommes dans leurs actions agissent, les uns avec précipitation, les autres avec lenteur et précaution. Comme dans l'un et dans l'autre cas, lorsqu'on ne peut garder le vrai chemin, on outrepasse les bornes convenables, on se trompe également. Mais celui-là est moins sujet à l'erreur, et parvient à avoir la fortune propice, qui fait concorder, ainsi que j'ai dit, sa conduite au temps, et qui n'agit jamais que selon que l'exige la nature.

Chacun sait avec quelle prudence et quelle circonspection Fabius Maximus dirigeait son armée, bien éloigné en cela de l'impétuosité et de l'audace accoutumée des Romains ; et sa bonne fortune voulut que cette conduite se trouvât conforme aux temps. Annibal était venu jeune en Italie, guidé par une fortune que n'avaient point encore fatiguée les succès, et le peuple romain avait déjà été défait deux fois : la république, presque entièrement privée de ses meilleurs soldats, et comme étonnée de ses revers, ne pouvait éprouver un sort plus heureux que de trouver un capitaine dont la lenteur et la prudence pussent contenir les ennemis. Fabius, de son côté, ne pouvait trouver des circonstances plus favorables à sa manière d'agir ; ce qui fut la source de sa gloire. Fabius, au surplus, se conduisit de la sorte plutôt par la nature de son génie que par réflexion. C'est ce que l'on vit quand Scipion voulut transporter son armée en Afrique pour y terminer la guerre : Fabius fut un des plus ardents antagonistes de ce projet, comme un homme qui ne pouvait se détacher de ses manières et abandonner ses habitudes ; de sorte que s'il eût dépendu de lui, Annibal serait resté en Italie, ne s'apercevant pas que les temps étaient changés, et qu'il fallait également changer la manière de faire la guerre.

Si Fabius eût été roi de Rome, il eût peut-être été vaincu dans cette guerre, parce qu'il n'aurait pas su varier la manière de la faire conformément à la diversité des temps, mais il était né dans une république où il existait diverses espèces de citoyens et des caractères différents : ainsi, de même que Rome posséda Fabius, homme on ne peut pas plus propre pour les temps où il fallait se borner à soutenir la guerre, de même elle eut ensuite

Scipion pour les temps où il était nécessaire de triompher.

Il en résulte qu'une république possède dans son sein plus de germes de vie, et jouit d'une plus longue fortune qu'une principauté ; car elle peut plus facilement s'accommoder à la variété des circonstances qu'un prince absolu, attendu la diversité des citoyens qu'elle renferme. Un homme accoutumé à n'agir que d'une manière ne change jamais, ainsi que je l'ai dit ; et si le temps amène des changements contraires à ses habitudes, il faut nécessairement qu'il succombe.

Pierre Soderini, dont j'ai déjà parlé, se conduisit en tout avec douceur et longanimité. Tant que les circonstances lui permirent de se livrer à son caractère, sa patrie prospéra ; mais lorsque les temps arrivèrent où l'on ne devait plus écouter la douceur et l'humanité, il ne put s'y résoudre, et il se perdit lui-même avec la république.

Le pape Jules II, tant que dura son pontificat, mit dans toutes ses actions de l'impétuosité, et presque de la fureur ; comme son caractère était en harmonie avec les temps, toutes ses entreprises réussirent. Mais s'il était arrivé d'autres temps qui eussent exigé qu'il suivît une route différente, il eût succombé certainement, car il n'aurait pu changer ni de procédés ni de caractère dans sa conduite.

Deux raisons s'opposent à ce que nous puissions ainsi changer : l'une est que nous ne pouvons vaincre les penchants auxquels la nature nous entraîne ; l'autre, que quand une manière d'agir a souvent réussi à un homme, il est impossible de lui persuader qu'il sera également heureux en suivant une marche opposée. De là naît que la fortune d'un homme varie, parce que la fortune change les temps, et que lui ne change point de conduite.

La perte des États a lieu également lorsque leurs institutions ne varient point avec les circonstances, comme je l'ai déjà fait voir longuement ci-dessus ; mais ils périssent plus lentement, parce qu'ils changent plus difficilement, et qu'il est nécessaire, pour les renverser, qu'il arrive une époque où tout l'État se trouve ébranlé ; et un seul homme ne peut produire de si grands résultats par son changement de conduite.

Puisque nous avons cité l'exemple de Fabius Maximus, qui sut arrêter les progrès d'Annibal, j'examinerai, dans le chapitre suivant, si un général qui veut, à quelque prix que ce soit, livrer bataille à son adversaire, peut en être empêché par ce dernier.

(...)

La république romaine était déchirée par les dissensions des nobles et du peuple ; néanmoins la guerre s'étant allumée, on mit les armées en campagne sous la conduite de Quintius et d'Appius Claudius. Appius, dont le commandement était dur et grossier, fut mal obéi de ses troupes, et, presque battu, il fut obligé d'abandonner la province où il commandait. Quintius, au contraire, dont le caractère était doux et plein d'humanité, vit ses soldats s'empresser de lui obéir, et la victoire couronner ses entreprises.

Il semblerait donc que pour gouverner la multitude il vaut mieux être humain que superbe, clément que cruel. Néanmoins Tacite, dans un passage auquel souscrivent la plupart des historiens, avance une opinion contraire lorsqu'il dit : *In multitudine regenda plus pœna quam obsequium valet.*

En cherchant de quelle manière on peut concilier l'une et l'autre opinion, on pourrait dire : ou vous avez à gouverner des hommes qui, pour l'ordinaire, sont vos égaux, ou qui vous sont soumis en tout temps comme sujets. On ne peut user sans restriction, envers ceux qui sont nos égaux, de ces peines et de cette rigueur dont parle Tacite et comme dans Rome le peuple partageait l'empire avec la noblesse, celui qui en devenait le chef pour un temps limité ne pouvait le gouverner avec rigueur et brutalité ; aussi l'on a vu souvent que les capitaines romains qui ont su se faire aimer de leurs troupes, et qui n'employaient pour les conduire que la douceur et les bons procédés, en ont tiré plus de fruit que ceux qui s'en faisaient redouter, à moins qu'ils ne fussent soutenus d'une vertu surnaturelle, tel que fut Manlius Torquatus.

Mais celui qui commande à des sujets, et c'est de ces derniers que parle Tacite, doit, s'il veut maîtriser leur insolence et les empêcher de fouler aux pieds une autorité trop douce, employer plutôt la rigueur que la clémence. Cependant cette rigueur doit être assez modérée pour ne point enfanter la haine ; car aucun prince ne s'est jamais bien trouvé de s'être fait haïr. Le moyen de l'éviter est de respecter les biens des sujets ; quant à leur sang, lorsque la spoliation n'est point un prétexte pour le répandre, il est rare qu'un prince aime à le verser sans nécessité ; et cette nécessité se présente rarement ; mais si l'avarice vient se mêler à la cruauté, les occasions et le désir de le répandre viennent s'offrir à chaque moment, comme nous l'avons longuement exposé dans un traité spécial sur cette matière.

Quintius mérite donc les louanges qu'on doit refuser à Claudius ; et la maxime de Tacite, renfermée dans de justes bornes, est digne d'être approuvée, mais ne doit pas servir d'exemple dans des circonstances semblables à celles où se trouvait Appius. Puisque j'ai parlé des effets de la douceur et de la sévérité, je ne crois pas superflu de rappeler qu'un trait d'humanité eut plus de pouvoir sur les Falisques que la force des armes. (...)

Tandis que Camille se trouvait avec son armée autour de la ville des Falisques, dont il faisait le siège, un maître d'école, qui élevait les enfants les plus distingués de la ville, croyant se rendre agréable à Camille et au peuple romain, sortit avec ses élèves sous prétexte de leur faire prendre de l'exercice, et les conduisit tous dans le camp du dictateur, auquel il les présenta, en lui disant qu'il lui mettait entre les mains un gage certain de la prise de la ville. Camille, loin d'accepter un pareil présent, fit dépouiller ce maître d'école de ses vêtements, ordonna qu'on lui liât les mains derrière le dos, et, donnant à chacun de ses élèves une poignée de verges, il le fit reconduire par eux dans la ville, en l'accablant de coups. Les habitants, instruits de cette conduite, furent tellement touchés de l'humanité et de la probité de Camille, qu'ils résolurent de lui rendre la ville sans songer davantage à se défendre.

Cet exemple mémorable prouve que souvent un acte de justice et de douceur a plus de pouvoir sur le cœur des hommes que la violence et la barbarie, et que souvent aussi ces villes et ces provinces, dont les armées, les instruments de guerre, ni toute la force des hommes n'avaient pu ouvrir l'entrée, se sont laissé désarmer par un exemple d'humanité ou de douceur, de chasteté ou de grandeur d'âme. Outre le fait que je viens de rapporter, l'histoire en présente une foule d'autres. (...)

*D'où vient qu'Annibal, en se conduisant d'une manière tout opposée à celle de Scipion, obtint en Italie les mêmes succès que son rival en Espagne.*

Il me semble qu'il y a lieu de s'étonner lorsque l'on voit un général, quoique ayant tenu une conduite entièrement opposée, obtenir néanmoins les mêmes résultats que ceux qui se comportèrent de la manière dont je viens de parler. Il faut donc que la victoire ne dépende pas de ces causes ; il paraît même que ces vertus n'augmentent ni vos forces ni vos succès, puisqu'en tenant une conduite contraire on peut également acquérir et la gloire et le crédit.

Mais, pour ne point m'écarter de l'exemple des deux grands hommes que j'ai cités, et pour mieux éclaircir ma pensée, j'ajouterai qu'à peine Scipion a-t-il pénétré en Espagne, qu'il gagne tous les cœurs par ses vertus et son humanité, et qu'il se fait admirer, et, pour ainsi dire, adorer des peuples de cette contrée. Au contraire, à peine Annibal a-t-il mis le pied en Italie, que, suivant une conduite opposée, c'est-à-dire se livrant à la violence, à la cruauté, au pillage, et surtout à la mauvaise foi, il obtient les mêmes succès en Italie que Scipion en Espagne. En effet, toutes les villes d'Italie se révoltèrent en faveur d'Annibal, tous les peuples se précipitèrent à sa suite.

En examinant d'où peut naître ce résultat, on en trouve plusieurs raisons. La première est que les hommes sont à un tel point avides de nouveautés, que ceux qui sont heureux ne les désirent pas avec moins d'empressement que ceux dont le sort est à plaindre : en effet, comme je l'ai déjà dit et comme le prouve l'expérience, les hommes se tourmentent dans le bonheur même, et se plaignent dans l'adversité ; ce désir fait tomber toutes les barrières devant celui qui, dans un pays, se met à la tête d'un changement: s'il est étranger, on se précipite à sa suite ; s'il est du pays, on l'entoure, on le sert, on le fortifie ; et, quelle que soit sa manière d'agir, il obtient bientôt les plus vastes résultats. En second lieu, les hommes sont excités par deux puissants mobiles: l'affection ou la crainte ; et il est aussi facile à celui qui se fait craindre de commander, qu'à celui qui se fait aimer: on a vu même plusieurs fois le chef redouté, obéi et suivi avec plus d'empressement que celui qu'on aimait. Il importe donc peu à un capitaine de suivre l'une ou l'autre de ces deux voies, pourvu qu'il soit doué d'un courage supérieur, et que cette qualité l'ait mis en réputation parmi les hommes. Lorsqu'elle est portée à un degré aussi éminent que dans Annibal et Scipion, elle couvre toutes les fautes que l'on pourrait commettre pour se faire trop chérir ou trop redouter ; car de ces deux manières d'agir peuvent naître des inconvénients assez graves pour causer la ruine d'un prince.

En effet, celui qui désire trop se faire aimer, pour peu qu'il s'écarte des justes bornes, n'obtient que le mépris : celui, au contraire, qui ne cherche qu'à se faire craindre, et qui dépasse le but, devient l'objet de la haine. Marcher entre ces deux excès est une chose absolument impossible, à laquelle la nature même de l'homme se refuse. Il est donc nécessaire de les équilibrer par des qualités aussi extraordinaires que celles d'Annibal et de Scipion.

Cependant on voit que les principes qui dirigeaient leur conduite leur furent aussi préjudiciables qu'ils leur avaient été avantageux. Nous avons parlé de la gloire qu'ils leur obtinrent. C'est en Espagne même que Scipion éprouva les inconvénients de son trop de bonté, lorsque ses soldats et une partie de ses amis se soulevèrent contre lui, uniquement parce qu'ils ne le craignaient pas, car les hommes sont dans une inquiétude tellement continuelle, qu'à la moindre voie ouverte à leur ambition ils oublient soudain l'affection que la bonté d'un prince devrait leur inspirer ; comme le montre la conduite des soldats et des amis de Scipion. Aussi ce grand homme, pour arrêter le mal, fut contraint d'employer la rigueur qu'il avait voulu fuir jusqu'alors.

On ne peut spécifier aucun fait particulier où Annibal ait été victime de sa cruauté ou de sa mauvaise foi ; mais on peut supposer que c'est la crainte seule qu'elle leur inspirait qui retint Naples et beaucoup d'autres villes dans l'alliance des Romains : seulement on voit évidemment que sa conduite impie le rendit plus exécrable aux Romains qu'aucun des autres ennemis qu'ait jamais eus cette république. Tandis qu'ils avaient découvert à Pyrrhus le traître qui voulait l'empoisonner, quoiqu'il fût encore en Italie à la tête de son armée, ils ne voulurent jamais pardonner à Annibal ; et, bien qu'errant et désarmé, ils le poursuivirent jusqu'à ce qu'ils l'eussent fait mourir. Tels sont les désavantages qu'attira à ce général sa réputation d'homme cruel, sans foi et contempteur des dieux. Mais, d'un autre côté, il en tira un avantage immense que tous les historiens ont admiré : c'est que son armée, quoique composée d'une foule de nations différentes, ne vit jamais naître le moindre soulèvement ni parmi les troupes ni contre le général ; ce qui ne peut provenir que de la terreur qu'inspirait sa personne. Cette terreur, jointe à la renommée que son courage lui avait acquise, suffisait pour tenir ses soldats unis dans l'obéissance.

Ainsi donc je conclus qu'il importe peu de quelle manière un chef d'armée se conduit, pourvu que ses qualités soient assez éminentes pour corriger les excès de l'une ou de l'autre de ces manières de se conduire. Ainsi que nous l'avons dit, toutes deux offrent des dangers et des inconvénients, lorsqu'elles ne sont pas tempérées par un courage et un talent extraordinaire. Si Annibal et Scipion, l'un par des actions dignes de louanges, l'autre par une conduite odieuse, obtinrent les mêmes résultats, je ne crois pas devoir négliger de parler encore de deux citoyens romains, qui, en suivant une marche différente, quoique également louable, méritèrent tous deux la même gloire. (...)

Rome posséda en même temps deux généraux habiles ; Manlius Torquatus et Valerius Corvinus. Tous deux vécurent dans cette ville, égaux en courage, en triomphes et en gloire ; tous deux, à l'égard de l'ennemi, durent ces avantages à une valeur semblable ; mais, quant à la manière de diriger leur armée et de traiter leurs soldats, ils suivirent une marche entièrement différente. Manlius, déployant en toute occasion une sévérité sans bornes, accablait sans cesse les troupes de travaux pénibles ; Valerius, au contraire, rempli de douceur envers elles, se plaisait à leur témoigner la familiarité la plus affable. L'un, pour maintenir la discipline dans son armée, livra son propre fils à la mort ; l'autre n'offensa jamais le moindre citoyen ; cependant chacun retira les mêmes fruits d'une conduite si opposée, à l'égard de l'ennemi, de la république et de soi-même. En effet, jamais aucun soldat ne refusa de marcher au combat, ne se souleva contre eux, ou ne se montra opposé à leurs commandements, quoique ceux de Manlius fussent tellement rigoureux, que l'on nomma *Manliana imperia* tous les ordres qui se faisaient remarquer par leur excessive sévérité.

Il faut donc examiner d'abord ce qui obligea Manlius à déployer une si grande sévérité, et pourquoi Valerius, au contraire, put s'abandonner à sa douceur naturelle ; ensuite comment il se fait que des procédés si divers aient obtenu les mêmes résultats ; et enfin quel est celui qu'il est plus désirable et plus avantageux d'imiter. Si l'on examine avec attention le caractère de Manlius, du moment où Tite-Live commence à parler de lui, on verra en lui un homme doué du plus ferme courage, plein de tendresse pour son père et pour sa patrie, de respect pour ses supérieurs. Il fit éclater ces vertus dans le combat où il donna la mort à un Gaulois, et dans la défense de son père, qu'il entreprit contre un des tribuns. Avant d'aller combattre ce Gaulois, il vint trouver le consul et lui dit : *In jussu tua adversus hostem nunquam pugnabo, non si certam victoriam videam.* Un homme de cette trempe, parvenu au commandement, doit vouloir que tous les hommes lui ressemblent ; son âme sans faiblesse lui dicte des ordres rigoureux ; et lorsqu'il a fait connaître ses volontés, il ne souffre pas qu'on les enfreigne. Une règle sans exception, c'est que si l'on donne des ordres pleins de sévérité, il faut les faire exécuter impitoyablement, lorsqu'on ne veut pas en être soi-même la victime ; d'où il faut conclure que, quand on veut être obéi, il faut savoir commander. Et ceux-là seuls savent commander, qui comparent leurs qualités à celles des hommes qui doivent leur obéir ; qui ne donnent des ordres que lorsqu'ils y voient de la proportion, et qui, lorsqu'elle n'existe pas, se gardent bien de ne rien prescrire. C'est ce qui faisait dire à un sage que, lorsqu'on voulait gouverner un État par la violence, il fallait qu'il y eût proportion entre celui qui l'employait et le peuple qui la souffrait ; que, lorsque cette balance existait, il était à présumer que la violence pourrait être durable ; mais que, lorsque l'opprimé était plus fort que l'oppresseur, on pouvait s'attendre chaque jour à voir cesser cette violence.

Pour en revenir à mon sujet, je dis que lorsque l'on donne des ordres pleins de vigueur, il faut être fort soi-même ; et celui qui, doué de cette force d'âme, donne des ordres rigoureux, ne peut ensuite descendre à la douceur pour les faire exécuter. Celui qui ne possède point une âme de cette trempe doit éviter les ordres extraordinaires ; mais dans ceux qui ne sortent point de la classe ordinaire, il peut s'abandonner à toute la douceur de son caractère, attendu que les châtiments ordinaires s'imputent seulement aux lois et à la raison d'État, et jamais au prince. Il faut donc croire que Manlius fut contraint d'agir avec autant de rigueur par la nature de son caractère, qui l'inclinait aux ordres sévères. Ces ordres sont utiles dans une république ; car ils en ramènent les institutions à leur principe et la rappellent à son antique vertu. Si une république était assez heureuse pour voir souvent naître dans son sein des hommes dont l'exemple, ainsi que je l'ai dit, rendit la vigueur à ses lois, et qui non seulement la retinssent sur le penchant de sa ruine, mais pussent la faire revenir sur ses pas, elle serait sans doute éternelle. Ainsi Manlius fut un de ces mortels dont la rigidité et le caractère absolu conservèrent dans Rome la discipline militaire : d'abord, il fut entraîné par la nature de son caractère ; et ensuite par le désir de faire observer les ordres que lui avaient dictés ses inclinations naturelles.

D'un autre côté, Valerius, à qui il suffisait de maintenir les règles de la discipline en vigueur dans les armées romaines, put s'abandonner à toute sa douceur. Comme cette discipline était bonne, il n'avait besoin que de la faire observer pour obtenir de la gloire ; d'ailleurs, comme elle était facile à suivre, elle n'obligeait point à sévir contre les transgresseurs, soit qu'il n'en existât pas, soit que, s'il s'en fût trouvé quelques-uns, c'eût été, comme nous l'avons dit, aux règlements qu'ils auraient imputé leur châtiment, et non à la cruauté de leur chef. Ainsi Valerius pouvait suivre sans obstacle son penchant à la douceur, de manière à mériter l'amour de ses soldats, et à les rendre satisfaits de leur sort. Il en résulta que Valerius et Manlius, ayant su se faire obéir tous deux, quoique par des voies différentes, purent obtenir les mêmes effets. Toutefois, ceux qui voudraient imiter ces deux grands hommes pourraient encourir cette déconsidération et cette haine dont j'ai dit que Scipion et Annibal furent l'objet ; et ce n'est que par des qualités pour ainsi dire surnaturelles que l'on peut échapper à ce double inconvénient.

Il me reste maintenant à examiner lequel de ces deux modes de se conduire mérite le plus de louanges. Ce point peut être sujet à discussion ; car les écrivains ont fait de tous deux l'objet de leurs éloges ; néanmoins ceux qui ont écrit sur la conduite que doivent suivre les princes paraissent plus pencher pour Valerius que pour Manlius. Xénophon, que j'ai déjà cité, racontant plusieurs traits d'humanité de Cyrus, se rapproche infiniment de ce que dit Tite-Live touchant Valerius, qui, ayant été fait consul dans la guerre contre les Samnites, parla à ses soldats, le jour même du combat, avec cette douceur et cette affabilité qui le dirigeaient dans toutes ses actions. (...)

Tite-Live parle de Manlius d'une manière également honorable, en faisant voir que la sévérité qu'il déploya dans la mort de son fils rendit l'armée tellement soumise au consul, qu'elle fut cause de la victoire que le peuple romain remporta sur les Latins ; il pousse la louange au point, qu'après avoir décrit cette victoire et les dispositions du combat, et mis sous les yeux du lecteur tous les dangers que les Romains coururent, ainsi que tous les obstacles qu'ils durent surmonter pour triompher, il conclut en disant que c'est à la seule valeur de Manlius que Rome fut redevable de la victoire. Il établit ensuite une comparaison entre les forces des deux armées, et il affirme que celle-là eût été victorieuse, qui aurait eu Manlius pour consul.

En examinant les différentes opinions des écrivains qui ont traité cette question, il serait difficile de porter un jugement définitif.

Néanmoins, pour ne point la laisser indécise, je pense que, dans un citoyen vivant sous les lois d'une république, la conduite de Manlius mérite plus de louanges et présente moins de dangers, parce qu'elle est toute en faveur de l'État, et n'est nullement dictée par l'ambition personnelle ; car, ce n'est pas en se montrant dur envers tout le monde, et uniquement touché du bien public, que l'on obtient des partisans. Par cette conduite, on ne peut acquérir de ces amis particuliers, auxquels nous donnons, comme je l'ai dit précédemment, le nom de partisans. Cela est si vrai, qu'une république ne saurait trop honorer une conduite qui lui présente de si grands avantages, et qui, ne tendant qu'à l'utilité commune, ne peut être suspecte de vues personnelles et intéressées.

La manière d'agir de Valerius, au contraire, quoique ses résultats soient les mêmes relativement au bien de l'État, doit enfanter de nombreux soupçons, par la bienveillance particulière qu'elle fait naître dans le cœur du soldat, bienveillance capable, après un long commandement, de produire des résultats funestes à la liberté. Si la popularité de Valerius n'eut point de suite dangereuse, c'est que les mœurs de Rome n'étaient pas encore corrompues, et que le pouvoir qu'on lui confia ne fut ni perpétuel ni même de longue durée.

Mais s'il était question d'un prince, comme dans Xénophon, nous pencherions entièrement pour Valerius, et Manlius serait rejeté ; car, ce que doit surtout rechercher un prince dans ses sujets et ses soldats, c'est l'obéissance et l'amour. Il obtient l'obéissance, parce qu'il observe lui-même les lois et que l'on croit à ses vertus. Il doit leur amour à l'affabilité, à l'humanité, à la douceur, et à toutes ces qualités que l'on révérait dans Valerius, et qui, selon Xénophon, éclataient également dans Cyrus. L'affection particulière pour le prince, le dévouement de ses armées, sont parfaitement en harmonie avec toutes les autres institutions d'un gouvernement monarchique ; mais, lorsqu'un citoyen ne compte dans une armée que des partisans, il s'écarte en cela de ses autres devoirs, qui l'obligent à vivre sous l'empire seul des lois et à obéir à ses magistrats.

On lit dans les anciennes histoires de Venise que les galères de cette ville étant rentrées dans le port, il s'éleva quelques différends entre les matelots et le peuple ; on s'ameuta et l'on prit les armes ; le désordre était si grand que ni la force publique, ni le crédit des principaux citoyens, ni la crainte des magistrats, ne pouvaient parvenir à l'apaiser. Soudain se présente devant les matelots un gentilhomme qui, l'année précédente, avait été leur capitaine ; et, apaisés par l'affection qu'ils lui portaient, ils se retirèrent en abandonnant le combat. Cette prompte obéissance inspira de tels soupçons au sénat, que quelque temps après les Vénitiens s'assurèrent de ce gentilhomme en le plongeant en prison ou en le faisant mourir.

Je conclus donc que la conduite de Valerius est utile dans un prince, mais que, dans un citoyen, elle est dangereuse, non seulement pour la patrie, mais encore pour lui-même ; pour la patrie, parce que c'est ainsi que l'on prépare les voies à la tyrannie ; pour lui-même, parce que l'État, pour se mettre à couvert des soupçons qu'il a conçus, est contraint d'employer, pour s'assurer de lui, des mesures qui lui sont funestes. Le procédé de Manlius, au contraire, ne peut dans un prince produire que du mal ; mais il est utile dans un citoyen, et surtout pour la patrie. Il est cependant des cas où il cause quelque mal : c'est lorsque cette haine qu'enfante la sévérité se trouve augmentée encore par les soupçons qu'inspirent les autres vertus qui vous ont acquis tant de considération ; comme nous allons le voir dans le chapitre suivant, au sujet de Camille.

*Par quels motifs Camille fut banni de Rome.*

La conclusion du chapitre précédent a été, qu'en se conduisant comme Valerius, on nuit à la patrie et à soi-même, et qu'en suivant l'exemple de Manlius on se rend utile à l'État, mais qu'on se nuit aussi quelquefois. Je citerai, à l'appui de cette assertion, l'exemple de Camille, qui, dans sa conduite, ressemblait plutôt à Manlius qu'à Valerius. Aussi Tite-Live, en parlant de lui, dit-il que « ses soldats admiraient et haïssaient tout à la fois son courage ». Les qualités qui lui attiraient l'admiration étaient sa sollicitude, sa prudence, sa grandeur d'âme, les bonnes dispositions qu'il savait déployer dans l'emploi et le commandement des armées ; la haine avait sa source dans son penchant à se montrer plus sévère dans les châtiments que libéral dans les récompenses.

Tite-Live attribue cette haine aux motifs suivants: le premier, c'est qu'il appliqua aux besoins de l'État le produit de la vente des terres des Véïens, au lieu d'en faire le partage avec le reste du butin ; le second, que, lors de son triomphe, il avait fait tirer son char par quatre chevaux blancs, ce qui faisait dire que, dans son orgueil, il avait voulu s'égaler au soleil ; le troisième, qu'ayant fait vœu de donner au temple d'Apollon la dixième partie du butin fait sur les Véïens, il avait fallu, pour satisfaire à ce vœu, la retirer des mains des soldats qui se l'étaient déjà partagée.

On voit clairement, par cet exemple, quelles sont les actions qui rendent un prince odieux au peuple, et dont la principale est de lui ravir un avantage qu'il possède déjà : ce point est d'une grande importance. L'homme que l'on prive d'un avantage quelconque n'en perd jamais le souvenir : le moindre besoin suffit pour en ranimer la mémoire ; et comme ces besoins renaissent chaque jour, chaque jour aussi la réveille.

L'orgueil et la vanité sont encore une des sources les plus fécondes de la haine des peuples, surtout parmi les hommes libres. Quoiqu'il ne résulte pour eux rien de funeste de cet orgueil et de cette ostentation, néanmoins ils n'en détestent pas moins ceux qui s'y livrent : c'est ce que les princes doivent craindre comme un écueil ; car, se rendre l'objet de la haine universelle sans y trouver son profit, c'est une conduite tout à fait imprudente et téméraire.

**Œuvres politiques de Machiavel** (Louandre)/
Discours sur la première décade de Tite-Live/Livre 3)

## SAINT AUGUSTIN

*Chercher la douceur de Dieu*

Afin que ceux que la miséricorde égare comprennent quelle est la portée de ces paroles de l'Écriture : « Seigneur, que la douceur que vous avez cachée à ceux qui vous craignent est grande et abondante ! » qu'ils lisent ce qui suit : « Mais vous l'avez consommée en ceux qui espèrent en vous. »

Qu'est-ce à dire sinon que la justice de Dieu n'est pas douce à ceux qui ne le servent que par la crainte du châtiment comme font ceux qui veulent établir leur propre justice en la fondant sur la loi ? Ne connaissant pas en effet la justice de Dieu, ils ne la peuvent goûter. Ils mettent leur espérance en eux-mêmes, au lieu de la mettre en lui ; aussi l'abondance de la douceur de Dieu leur est cachée ; parce que, s'ils craignent Dieu, c'est de cette crainte servile qui n'est point accompagnée d'amour, car l'amour parfait bannit la crainte. Dieu a donc consommé sa douceur en ceux qui espèrent en lui ; il l'a consommée en leur inspirant son amour, afin qu'étant remplis d'une crainte chaste que l'amour ne bannit pas, mais qui demeure éternellement, ils ne s'en glorifient que dans le Seigneur. En effet, la justice de Dieu, c'est Jésus Christ, « qui nous a été donné de Dieu pour être notre sagesse, notre justice, notre sanctification et notre rédemption, afin que, comme il est écrit, celui qui se glorifie se glorifie dans le Seigneur ». Cette justice de Dieu, qui est un don de la grâce et non l'effet de nos mérites, n'est pas connue de ceux qui, voulant établir leur propre justice, ne sont point soumis à la justice de Dieu, qui est Jésus Christ. C'est dans cette justice que se trouve l'abondance de la douceur de Dieu. De là vient cette parole du psaume : « Goûtez et voyez comme le Seigneur est doux ! »

En ce pèlerinage, nous le goûtons plutôt que nous ne pouvons nous en rassasier, ce qui excite plus fortement encore la faim et la soif que nous en avons, jusqu'au jour où nous le verrons tel qu'il est, et où cette parole du psalmiste sera accomplie : « Je serai rassasié quand votre gloire paraîtra. » C'est ainsi que Jésus Christ consomme l'abondance de sa douceur en ceux qui espèrent en lui. Or, si Dieu cache à ceux qui le craignent l'abondance de cette douceur dans le sens où l'entendent nos adversaires, c'est-à-dire afin que la peur d'être damnés engage les impies à bien vivre, de sorte qu'il puisse y avoir des fidèles qui prient pour leurs frères qui vivent mal, comment Dieu a-t-il consommé sa douceur en ceux qui espèrent en lui, puisque selon ces rêveries, c'est par cette douceur même qu'il ne doit pas damner ceux qui n'espèrent pas en lui ? Que le chrétien cherche donc cette douceur que Dieu consomme en ceux qui espèrent en lui, et non celle qu'on s'imagine qu'il consommera en ceux qui le méprisent et le blasphèment ; car c'est en vain qu'on cherche en l'autre vie ce qu'on a négligé d'acquérir en celle-ci.

Cette parole de l'Apôtre : « Dieu a permis que tous tombassent dans l'infidélité, afin de faire miséricorde à tous », ne veut pas dire que Dieu ne damnera personne, et, après ce qui précède, le sens en est assez clair. Quand saint Paul écrit aux païens convertis, il leur dit, à propos des Juifs qui devaient se convertir dans la suite : « De même qu'autrefois vous n'aviez point foi en Dieu, et que maintenant vous avez obtenu miséricorde, tandis que les Juifs sont demeurés incrédules, ainsi les Juifs n'ont pas cru pendant que vous avez obtenu miséricorde, afin qu'un jour ils l'obtiennent eux-mêmes. » Puis il ajoute ces paroles, dont ceux-ci se servent pour le tromper : « Car Dieu a permis que tous tombassent dans l'infidélité, afin de faire grâce à tous. » Qui donc tous, sinon ceux dont il parlait, c'est-à-dire vous et eux ? Dieu a donc laissé tomber dans l'infidélité tous les gentils et tous les Juifs qu'il a connus et prédestinés pour être conformes à l'image de son fils, afin que, se repentant de leur infidélité et ayant recours à la miséricorde de Dieu, ils puissent s'écrier comme le Psalmiste : « Seigneur, que la douceur que vous avez cachée à ceux qui vous craignent est grande et abondante ! mais vous l'avez consommée en ceux qui espèrent », non en eux-mêmes, mais « en vous ». Il fait donc miséricorde à tous les vases de miséricorde. Qu'est-ce à dire à tous ? évidemment, à ceux qu'il a prédestinés, appelés, justifiés et glorifiés d'entre les Gentils et d'entre les Juifs ; c'est de tous ces hommes, et non de tous les hommes, que nul ne sera damné.

**La cité de Dieu**, livre 21e.

Traduction M. Raulx, 1869

# TABLE
## *des matières*

Imprimé en Slovénie en août 2020
Dépot légal : octobre 2020